le Havre 30 Juin 1908

VENTE

DES

30 Juin, 1er et 2 Juillet 1908

❧

HOTEL DES VENTES DU HAVRE
64, rue Victor-Hugo, 64

❧

M. J. MASSELIN

Commissaire-Priseur

❧

Collection d'un Amateur

❧ 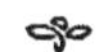

CATALOGUE

DE

TABLEAUX MODERNES & ANCIENS

DESSINS - AQUARELLES - PASTELS

GRAVURES DU XVIIIe SIÈCLE

GRAVURES SUR LE HAVRE & LA NORMANDIE

Faïences - Porcelaines

Pendules et Baromètre Louis XVI

Bronzes d'Art et d'Ameublement

COMMODES LOUIS XVI, MARQUETERIE & ACAJOU

CONSOLE BOIS DORÉ

MEUBLES & SIÈGES

STATUES et GROUPE bois et pierre des XIVe et XVIe Siècles

Bibelots de Vitrine, etc.

LE HAVRE — 1908

La Vente aura lieu les 30 Juin, 1er et 2 Juillet 1908

A deux heures de l'après-midi

HOTEL DES COMMISSAIRES-PRISEURS

64, Rue Victor-Hugo, 64

Par le Ministère de Mᵉ J. MASSELIN, Commissaire-Priseur

Assisté de M. J. GONFREVILLE, Expert

EXPOSITION PUBLIQUE

Chaque jour de Vente, de dix heures à midi

CONDITIONS DE LA VENTE

La Vente se fait au comptant.

Les Acquéreurs paieront 10 o/o en sus des enchères.

Les Vacations comprendront des Numéros pris dans chaque genre.

L'Exposition des objets mis en vente permettant aux acquéreurs de se rendre compte de leur nature et de leur état, aucune réclamation ne sera admise après la Vente.

Le Commissaire-Priseur se réserve le droit de réunir ou de diviser.

Les pièces non encadrées seront suivies des lettres N. E.

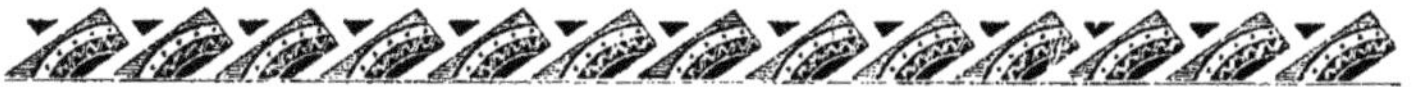

TABLEAUX MODERNES

ENCADRÉS

BODMER (K.), LAVIEILLE (E.)

1 — Biches dans une clairière.

Panneau. *Signé à droite en bas.*

(0.27 × 0.21)

BODMER (K.). LAVIEILLE (E.)

2 — Canards au bord d'un étang.

Panneau. *Signé à droite en bas.*

(0.24 × 0.15)

BODMER (K.), LAVIEILLE (E.)

3 — Cerf et biches dans les herbes.

Panneau. *Signé.*

(0.24 × 0.15)

BOGGS

4 — Vue d'Honfleur et du clocher de l'Eglise Ste-Catherine.

Toile (sous verre). *Signée.*

(0.68 × 0.46)

BONINGTON (R. P.) (?)

5 — Environs de Rouen.

Panneau sous verre.

(0.24 × 0.19)

BOUDIN (Eugène)

6 — Natures mortes. Poissons et crustacés.— Fruits, viande et légumes.

Deux toiles formant pendants. *La première signée en plein, la seconde des initiales.*

(0.75 × 0.45)

BOUDIN (Attribué à Eug.)

7 — Berck-sur-Mer. La plage.

Toile.

(0.19 × 0.24)

BOUDIN (Attribué à E.)

8 — Barques de pêche et voiliers.

Panneau.

(0.29 × 0.37)

BOUDIN (Attribué à Eug.)

9 — Bords de rivière. Barques échouées. Laveuses.

Panneau.

(0.65 × 0.81)

CASSINELLI (du Havre)

10 — Marine. En rade du Havre.

Panneau.

(0.43 × 0.23)

CHAPLIN (C.)

11 — Buste de femme nue.

Toile. *Signée et datée 1849.*

(0.56 × 0.46)

COUTURE (Th.)

12 — Tête d'enfant.

Panneau signé.

(0.41 × 0.26)

DAMERON (E.)

13 — Paysage. Bords de la Seine.

Toile. Signée.

(0.44 × 0.82)

DAMERON (E.)

14 — Paysage.

Panneau. Signé.

(0.26 × 0.35)

DELATTRE

15 — Vue de la Seine à Rouen. Les quais, la ville.

Toile. Signée.

(0.43 × 0.63)

DELATTRE

16 — Une écluse en Seine.

Toile. Signée.

(0.38 × 0.60)

DROUIN (J.)

17 — Lancement d'un bateau à aubes (pour la Cie Normande), sur la plage du Perrey.

Toile. *Signée à droite en bas et datée 1836.*

(0.45 × 0.30)

DROUIN (J.)

18 — Vue de Tancarville. Les Rochers.

Toile. *Signée et datée 1838.*

(0.48 × 0.32)

DUBOURG (A.)

19 — Rue d'Honfleur.

Toile. Signée.

(0.27 × 0.35)

DUBOURG (A.)

20 — Chaumière. Environs de Honfleur.

Panneau. Signé.

(o.15 × o.24)

DUBOURG (A.)

21 — Intérieur de cour. Vieilles maisons.

Toile. *Signée.*

(o.29 × o.35)

DUBOURG (A.)

22 — L'Ecolier.

En buste. Toile. *Signée à droite, en bas.*

(o.65 × 5o)

DUBOURG (A.)

23 — Honfleur. Cabane de pêcheurs sur le bord de la mer.

(o.53 × o 71)

DUCHEMIN (D.)

24 — Les bords de l'Elle à Quimperlé.

Toile. *Signée.*

(1.oo × 1.5o)

DURST (A.)

25 — Paysage. Canards au bord de la Béthune.

Toile. *Signée.*

(o.45 × o.68)

ECOLE FRANÇAISE (1820)

26 — Portrait de femme,

Médaillon ovale. *Toile.*

(o.22)

FLEURY (A.)

27 — Le Havre. Barque de pêche, à l'ancre dans l'avant-port.

Toile. *Signée.*

(0.45 × 0.65)

FLEURY (A.)

28 — Le Canot « la Bonne-Etoile ».

Toile. *Signée et datée 1884.*

(1.05 × 1.50)

FLEURY (A.)

29 — Une Ferme à Ignauval.

Toile. *Signée et datée 1885.*

(0.65 × 0 81)

FLEURY (ALBERT)

30 — La Vague. Marine.

Toile. *Signée, et envoi de l'artiste.*

(0.65 × 0.80)

FLEURY (A.)

31 — La baie de Sainte-Adresse.

Toile. *Signée et datée 1885.*

(0.58 × 0.80

FLEURY (A.)

32 — Orcher. La source.

Toile. *Signée, datée de 1886, et envoi de l'artiste.*

(0.40 × 0.65)

FLEURY (A.)

33 — Un coin de Chicago.

Toile. *Signée.*

(0.48 × 0.80)

FRÉMOND (A.)

34 — Paysage. La rentrée du blé.

Panneau. *Signé et daté 1905.*

(o.32 × o.41)

GAGLIARDINI

35 — Une cour en Auvergne.

Etude du salon de 1886. Panneau. *Signé.*

(o.33 × o.41)

GAGLIARDINI

36 — Une rue de village.

Panneau. *Signé.*

(o.35 × o.26)

GŒNEUTTE (N.)

37 — Vue de Paris. Le cours La-Reine.

Carton. *Signé.*

(o 32 × o.24)

HAMELIN

38 — Portrait de magistrat.

Toile. *Signée à droite en haut.*

(o.40 × o.32)

JEANNIN (G.)

39 — Fleurs et rubans.

Deux médaillons ovales formant pendant. Toiles. *Signés.*

(Cadre bois sculpté et orné, o 40)

LAPOSTOLET (C.)

40 — Plage. Les bains de mer.

Toile. *Signée.*

(o.44 × o.80)

LE CAMUS (Louis)

41 — Paysage. Sur la Côte d'Azur.
Toile. *Signée.*

(0.65 × 0.36)

LECOMTE (P.)

42 — Baie de Douarnenez. La descente au môle.
Toile. *Signée.*

(1.20 × 0.90)

LECOURT (R.)

43 — Paysage. Le vallon de Cauville.
Toile. *Signée et datée 1902.*

(0.43 × 0.61)

LECOURT (R.)

44 — Vaches au pâturage.
Panneau. *Signé, daté 1906.*

(0.38 × 0.45)

LENFANT (DE METZ)

45 — Le joueur de cornemuse. — Le trombone.
Panneaux formant pendants. *Signés.*

(0.15 × 0.11)

LENFANT (DE METZ)

46 — La sortie de l'école. — Le départ pour l'exercice.
Panneaux. *Signés.* Importants et jolis tableaux du maître.

(0.24 × 0.18)

LEVY (CH.)

47 — Trouville. La côte et la baie.
Toile. *Signée et datée 1904.*

(0.33 × 0.40)

MARAIS (A.)

48 — Vaches au pâturage.

Toile. *Signée.*

(o.37 × o.45)

MEYER (Geo.)

49 — A Chartres. Les teintureries.

Toile. *Signée.*

(o.45 × o.6o)

MOZIN (C.)

50 — Marines. En rade de Trouville. — Port Hollandais.

Deux panneaux formant pendants. *Signés et datés 1843.*

(o.32 × o.23)

PARTURIER (E.)

51 — L'Orne à Clécy.

Toile. *Signée et datée 1905.*

(o.6o × o.73)

PARTURIER (E.) (mentionné)

52 — Vieille chaumière à Saint-Laurent.

Toile. *Signée.*

(o.9o × 1.15)

PARTURIER (E.) (mentionné)

53 — Etang de Notre-Dame-du-Bec.

Toile. *Signée.*

(o.46 × o.61)

PEINTURES CHINOISES

54 — Cinq pièces. Peintures sur verre (fixées).

Scènes d'intérieur, paysages.

PETITJEAN (E.)

55 — Paysage. — Vieilles maisons lorraines.

Toile. *Signée.*

(0.48 × 0.70)

PICOU (R.)

56 — Femmes à la fontaine.

Toile. *Signée à droite.*

(0.40 × 0.32)

POZIER (J.)

57 — A Saint-Jean-le-Thomas. Les chardons.

Toile. *Signée.*

(0.38 × 0.55)

RENOUF (E.)

58 — Les ramasseuses de moules.

Vigoureuse et lumineuse étude. Toile sous verre. *Signée.*

(0.66 × 0.57)

RENOUX

59 — Vue d'Italie. Ruines.

Toile. *Signée et datée 1828.*

(0.32 × 0.24)

DE SAINT DELIS (R.)

60 — Paysage. La vallée de Rouelles.

Toile. *Signée.*

(0.50 × 0.60)

SCOTT (d'après E. DE COOK)

61 — Paysage, environs de Honfleur.

Toile. *Signée à gauche en bas.*

(0.32 × 0.24)

SOUVAY (A.)

62 — Marine. La vague.

Toile. *Signée et datée 1897.*

(o.3o × o.41)

SOUVAY (G.)

63 — Nature morte. Vieux bouquins.

Toile. *Signée et datée 1895.*

(o.43 × o.55)

TROYON (Attribué à)

64 — Etude d'arbre.

Carton.

(o.5o × 0.38)

VOLLON (A.)

65 — Nature morte.

Toile. *Signée.*

(o.27 × o.21)

WALLERSTEIN (G.)

66 — A Berck-sur-Mer. Marée basse.

Panneau. *Signé.*

(o.4o × o.63).

WALLERSTEIN (G.)

67 -- Berge de Gennevilliers.

Toile. *Signée.*

(o.35 × o.62)

WALLET (Charles)

68 — Paysage. Bords de la Seine.

Toile. *Signée.*

(o.38 × o.55)

WAUTERS (C.)

69 — Bords d'un étang. L'arbre reflété. — Bords de rivière.

Deux panneaux formant pendants. *Signés.*

(0.22 × 0.33)

X...

70 — Napoléon. Portrait en pied.

Costume du sacre. Toile.

(1.32 × 0.92)

TABLEAUX ANCIENS

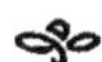

ANONYME

71 — Paysage. Rochers et rivière.

Panneau.

(0.24 × 0.48)

BAZIN (Jules)

72 — La leçon de harpe.

Toile. *Signée et datée 1760.*

(0.40 × 0.33)

CREPIN (L.-P.)

73 — Le combat de Navarin.

Esquisse. Toile.

(0.38 × 0.46)

ÉCOLE ALLEMANDE (xviiie siècle)

74 — Portrait de femme.

Médaillon ovale.

(o.55)

CHAMPAIGNE (Ecole de Ph. de)

75 — Louis-François-Marie Letellier, marquis de Barbezieux, secrétaire d'Etat (1668-1701).

En buste, vêtu d'un manteau noir, ayant au cou un rabat de point coupé et sur la poitrine l'ordre du St-Esprit en broderie d'argent. Toile médaillon ovale. Cadre bois doré et sculpté.

(o.68 × o.54)

ÉCOLE FRANÇAISE (xviiie siècle)

76 — Portrait d'homme en habit gris.

Toile.

(o.79 × o.63)

ÉCOLE FRANÇAISE (fin xviiie siècle) (d'après Kalf)

77 — Intérieur de cuisine.

Toile. Bon tableau.

(o.32 × o.40)

HONDECOETER (Ecole de)

78 — Fruits et animaux.

Deux toiles formant pendant.

(o.28 × o.34)

ECOLE ITALIENNE (xviie siècle)

79 — La Vierge.

En buste. Médaillon ovale. Toile. Cadre en bois doré.

(o.67)

ÉCOLE ITALIENNE (xviie siècle)

80 — L'embarquement des marchandises.

Panneau.

(o.36 × o.54

LE FEVRE (C.) (Élève de Lebrun)

81 — Portrait de J.-B. Poquelin dit Molière, jeune.

Vu à mi-corps, de trois quarts vers la droite, ses cheveux bouclés retombent sur les épaules, le cou et les poignets ornés de guipures. Il porte une robe de chambre jaune à petites fleurs et revers de satin vert à tons changeants ; il tient dans la main droite un pli. Toile.

(0.73 × 0.60)

MARATA (Carlo)

82 — Olympe Mancini, comtesse de Soissons (1637-1708)

En costume demi-deuil, robe de velours noir, un corsage décolleté, garni de dentelles, ainsi que les manches ; deux boucles descendent de sa chevelure châtain, le long des épaules et sur la poitrine. Toile. Cadre ancien, bois doré et sculpté.

(0.70 × 0.35)

MARTIN (Jean)

83 — Naufrage au pied d'une Tour.

Toile.

(0.24 × 0.24)

STELLA (Jacques Van der Star, dit)

84 — La Moisson.

Toile. Cadre bois doré et sculpté.

(0.58 × 0.73)

BERGHEN (Van) (?)

85 — Paysage. Animaux à l'abreuvoir.

Panneau. Bon tableau.

(0.35 × 0.43)

WOUVERMANS (Ecole de Ph.)

86 — Manège en plein air.

Panneau.

(0.40 × 0.33)

TABLEAU MODERNE.

87 — Portrait d'homme.

Epoque de la Restauration. Habit vert, jabot, croix de Saint-Louis.

(o.64 × o.54)

AQUARELLES et DESSINS ANCIENS

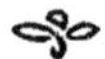

DESSINS ANCIENS (N. E.)

88 — 1° Le Guerchin. — *Paysages Italiens.*

Deux pièces en bistre formant pendant, in-folio travers.

2° J. B. Deshays, de Rouen (attribué à). — *La mise en croix.*

Crayon noir, in-folio.

3° Tremolières. — *Etude d'homme nu.*

Crayon noir, in-folio.

4° Anonyme. — *Tête de moine.*

Crayon noir. — La flagellation. Joli dessin à l'encre de Chine, in-folio.

Ces pièces proviennent des collections Vallardi et Chardey.

ÉCOLE FRANÇAISE (xviiie siècle)

89 — L'oiseau chéri.

Pastel. Cadre bois doré.

(o.35 × o.3o)

ÉCOLE DE PRUDHON.

90 — Etude de nu. Femme assise sur un rocher.

Fusain et crayon noir. (E.)

(o.6o × o.45)

FLANDRIN (H.) (?)

91 — Jésus et la paralytique.

Grand dessin, crayon noir et fusain. (N. E.)

FRAGONARD (H.) (?)

92 — Ruines romaines.

Deux pièces in-folio travers, à la sanguine.

Le repos de gladiateur.

Dessin au lavis, in-folio, double face.
Provenant de la collection Chardey. (N. E.)

GARNERAY

93 — Portrait de G.-T. Reynal.

Gravé par Alix. Médaillon, épreuve coloriée.

MICHEL ANGE (?)

94 — Esquisse pour le jugement dernier.

Joli dessin.

(o.28 × o.34)

PASTELS, AQUARELLES

ET

DESSINS MODERNES

Encadrés sauf indication contraire

ANONYME

95 — Deux Dessins têtes de femmes.

Copies du xviii· siècle. (N. E.)

BOYENN (J.)

96 — Deux grands paysages. Ruines. Cours d'eau. Personnages.

Sepia.

(o.47 × o.65)

CHRISTEN

97 — Paysage.

Aquarelle *signée*.

(o.44 × o.25)

COURT

98 — Portrait de M^ms C (hennevières.)

Buste. Robe noire, fichu de dentelle, collier de perles sur le cou nu. Pastel. *Signé et daté 1861.* Médaillon ovale.

(o.80)

COUVELEY (père)

99 — Portrait de femme.

> Dessin au crayon noir, in-4°. (N. E.)
> Provient de la collection Chardey.

DAUX (Ch.)

100 — La gardeuse d'oies.

> Grande et belle aquarelle. *Signée.*
>
> (0.45 × 0.28)

DAVID (A.) (?)

101 — Au cabaret. L'accord.

> Deux pièces au lavis, in 4°. (N. E.).
> Proviennent de la collection Chardey.

DUMOUCHEL (S.)

102 — Bateau de pêche.

> Aquarelle. *Signée.*

GALBRUND

103 — Soubrette Louis XV.

> Beau pastel. *Signé et daté 1878.* Encadré.
>
> (0.45 × 0.30)

LAFAGE (R.) (?)

104 — Naissance de Venus.

> Dessin au lavis. (N. E.).
> Provenant de la collection Chardey.

LECOURT (R.)

105 — A Cauville. Ferme sous la neige.

> Pastel. *Signé et daté 1902.*
>
> (0.57 × 0.38)

LECOURT (R.)

106 — Devant l'âtre. La grand'mère.

Pastel. *Signé et daté 1904.*

(0.66 × 0.50)

LECOURT (R.)

107 — Le laboureur.

Pastel sous verre. *Signé et daté.* A Bléville 1902.

(1.05 × 0.70)

LECOURT (R.)

108 — Cauville. Le clocher sous la neige.

Pastel. *Signé et daté 1902.*

(0.70 × 0.50)

LEFEBVRE (Justine)

109 — Portrait de jeune fille.

Crayon noir rehaussé de couleurs. *Signé.*

(0.54 × 0 40)

MONNIER (H.)

110 — Portrait silhouette

In-folio. (N. E.)
Provient de la Collection Chardey.

WATTIER (E.)

111 — Propos galants. L'heureux père.

Deux aquarelles gouachées, formant pendants. Médaillon ovale (0.33).

GRAVURES

SUR LE HAVRE ET LA NORMANDIE

DESCAMPS

112 — Le Havre. Le Roi étant sur le Balcon des Cazernes de la Marine du Havre...

Gravé par Le Bas, in-plano travers, sans marge.

LE HAVRE

113 — Suite complète de 10 pièces sur Le Havre.

Gravées à l'aqua-tinta. In-folio, travers, à toutes marges. (N. E.)

Epreuves de toute beauté (à diviser).

1. — *Vue prise de la hauteur des Phares.* Peint par Luttringshausen, grav. par Th. Fielding.

2. — *Vue de la Rade prise de la jetée.* Peint par Luttringshausen, gr. par Sabathé.

3. — *Entrée du Port vue de la jetée.* Bonnington, — P. Legrand.

4. — *Vue de la Tour et de l'entrée du Port.* Luttringshausen, — Th. Fielding.

5. — *Vue du Port d'entrée.* Luttringshausen, — Reeve. Epreuve teintée.

6. — *Vue de l'entrée du Bassin de la Barre.* Luttringshausen, — Fielding.

7. — *Vue du vieux Bassin.* Les mêmes.

8. — *Bassin du Commerce.* Gilbert, — Fielding.

9. — *Vue de la porte Royale.* Gilbert, — Reeve.

10. — *Vue prise de Graville.* Grenier, — Legrand.

OSTERVALD

114 — Excursion sur les côtes et dans les ports de Normandie.

Paris, Ostervald, s. d. (1820).

Planches in-folio, grandes marges, à détailler (N. E.)

Jolies épreuves d'après Luttringshausen, Bonington, Romny, Noel, Gilbert, Grenier, etc... Gravées par Reeve, Fielding, Legrand, Sabathé, etc...

LE HAVRE

1. — Vue prise de la hauteur des phares.
2. — Vue de la Rade prise de la Jetée.
3. — Entrée du port, vue de la jetée.
4. — Vue de la tour et de l'entrée du port.
5. — Vue du port d'entrée (épreuve teintée).
6. — Vue de l'entrée du bassin de la Barre.
7. — Vue du Vieux Bassin.
8. — Bassin du Commerce.
9. — Vue de la porte Royale.
10. — Vue prise de Graville.

HONFLEUR

1. — Vue de l'entrée du port à basse marée.
2. — Vue de l'intérieur du port (épreuve teintée).
3. — Chapelle de N.-D. de Grâce.
4. — Vue de l'embouchure de la Seine.

HARFLEUR

1. — Vue de l'intérieur de la Ville.
2. — Vue générale.

ÉTRETAT

1. — Vue générale de la Rade.
2. — Vue prise du rivage.
3. — Vue prise de la Grotte du trou à l'homme.

FÉCAMP

1. — Vue générale.
2. — Vue prise de l'Ouest.
3. — Entrée du port.

DIEPPE

1. — Vue générale du côté de l'Est.
2. — Vue générale du côté du Nord.
3. — Vue de l'intérieur du port.
4. — Vue des bains du côté de la mer.
5. — Vue des bains.

CAUDEBEC

Vue générale.

QUILLEBEUF

1. — Vue du bord opposé de la Seine.
2. — Vue de l'Eglise de N.-D. de Bon-Port.

ST-VALERY-EN-CAUX

Vue générale.

POURVILLE

Vue générale.

LE TRÉPORT

1. — Vue prise du côté de la ville d'Eu.
2. — Extrémité de la Jettée.

ROUEN

1. — Vue prise de la hauteur de Canteleu.
2. — Vue prise de la côte de Bonsecours.
3. — Vue du pont de bateaux.
4. — Vue prise de la petite chaussée.
5. — Vue prise du Cours.
6. — Vue prise de l'avenue du Mont-Riboudet.

Toutes ces séries sont complètes.

SCOTT

115 — Le Havre. Arrestation de Troppmann.

Dessin lavé d'encre de Chine. *Signé.*

LE HAVRE

116 -- La fontaine et les blanchisseuses.

In-quarto travers, épreuve imprimé en couleurs.

LEFEBVRE-DURUFLÉ

117 — Ports et côtes de France. *Paris, 1833.*

Pièces in-4°, tirées sans marges pour exemplaires spéciaux.
Jolies épreuves coloriées dont le détail suit :

1. — Havre. Vieux Bassin.
2. — Havre. Bassin de la Barre.
3. — Dieppe. Vue générale.
4. —   »   Vue du Château.
5. —   »   Le pont du Polet.
6. —   »   Vue des bains.
7. — Fécamp. Vue générale.
8. — St-Valery-en-Caux. Vue générale.
9. — Arques. Vue du Château.

LE HAVRE

118 — Vue prise de la mer.

Dessiné et lithog. par Deroy, in-folio travers à toutes
marges. Lithog. coloriée.

LE HAVRE

119 — 5 pièces intéressantes.

« Napoléon III », transatlantique à Aubes. Capitaine A. de
Bocandé. G⁻ lithog. coloriée. — Vue de la côte d'Ingouville.
(Extérieur de la porte d'Ingouville), gravure in-quarto. —
Le yacht « Vernon-Croissy », photog. d'après un tableau de
Morel Fatio. — Barque de sauvetage, photog. d'après un
tableau de Cassinelli. — Programme du Festival de Gala
donné en l'honneur de Félix-Faure (18 avril 1895) avec au
revers le portrait du Président sur soie. Rubans et ca-
chets. (N. E.)

PANORAMA DU HAVRE

120 — Vue de la jetée.

Callows, sculpt. Del. In-plano, travers. Martens, le Petit.

LE HAVRE

121 — Vue du portail et du côté septentrional de l'Eglise Notre-Dame du Havre de Grâce.

> Dessiné en 1768 par... Gravé par J. H. E. Bertin. In folio, travers.

LE HAVRE

122 — Lithographies coloriées.

> Par Deroy, Asselineau. In 4°, travers, marges.
> 1. — *Façade de l'Eglise Notre-Dame.*
> 2. — *L'aquarium* (2 épreuves).
> 3. — *Rue de Paris.*
> 4. — *Vue de la rue de Paris et de l'Eglise.*
> 5. — *Rue de Paris, au Havre.* Lithogr. noire.

LE HAVRE

123 — Vue du bombardement de la Ville du Havre 1759.

> *Paris. Chereau.* In folio travers, sans marges.

MILCENT

124 — Veue du Havre du côté du Port.

> In folio sans marge. Epreuve coloriée.

LE HAVRE

125 — Vue du port du Havre.

> *Paris. Chereau.* In folio travers, épreuve coloriée.

LE HAVRE

126 — Vue perspective du bassin et parc de la marine du Havre.

> *Paris. Basset.* In folio travers, petite marge. Epreuve coloriée.

LE HAVRE

127 — Exposition maritime internationale du Havre 1868.

Lithog. de Asselineau. In folio travers, épreuve coloriée.

ARNOULT (J.)

128 — Le Havre en Ballon.

Vue prise au-dessus des nouveaux bassins. *Paris. Lemercier*. Lithog. in folio travers à toutes marges.

COSTUMES NORMANDS

129 — Fécamp. Pêcheurs.

2 pièces. Lithographies coloriées, in 4° sans marges.

Dieppe, pêcheurs et pêcheuses.

2 pièces.

FÉCAMP

130 — Port de Fécamp.

Noël, pinx., Aubertin sculpt. *Paris, Noël*. In-folio, travers, petites marges. Epreuve coloriée. (Petits raccommodages). **(N. E.)**

131   FRANCE EN MINIATURE

Lot de 22 pièces coloriées par Deroy, in-4° à toutes marges.

Sainte-Adresse	2	pièces
Fécamp	4	»
Honfleur	2	»
Trouville	4	»
Houlgate	1	»
Caen	6	»
Vire	3	» **(N. E.)**

GARNERAY (L.)

132 — Caen. Vue du port. Les Quais. La Rivière et débarquement du passager.

> In-folio, travers, à toutes marges. Encadrée.
> Belle épreuve **avant toute lettre**, peinte, gravée et retouchée par L. Garneray.

HARFLEUR

133 — Vue générale (vers 1835).

> Petite pièce inquarto sur Chine, *avant la lettre*, à toutes marges. (N. E.)

HONFLEUR

134 — Vue prise de la mer.

> Dessiné et lithog. par Deroy, in-folio, travers à toutes marges. Lithog. coloriée.

MAUGENDRE (A.)

135 — Bayeux. Vue de la Cathédrale.

> *Paris, A. Bry*. Lithog. coloriée, in folio à toutes marges. (N. E.)

ROUEN

136 — Statue de Louis XV, à Rouen.

> Composée et dessinée par M. Le Carpentier. In-8, à toutes marges. (N. E.)

BALLIN (A.)

137 — La rue Saint-Lô, à Rouen.

> Eau-forte, in-4° à toutes marges, pièce avant toute lettre. *Signée de l'artiste.*

GRAVURES ANCIENNES

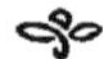

BARTOLOZZI (F.)

138 — **Les jeunes Italiennes.**

> Epreuve à la sanguine. Gravé par J. B. Lucien d'après Le Guerchin. In-folio grandes marges. (N. E.)

BAUDOUIN (P. A.)

139 — **Le fruit de l'amour secret.**

> Gravé par Voyez junior. *A Paris, chez Le Père, Avaulez, et chez Alibert.* In-folio, petites marges.

BAUDOUIN (P. A.)

140 — **Le matin. — Le soir.**

> Gravé par E. de Ghendt. *Paris, de Ghendt.* In-folio sans marge.

BOILLY (L.)

141 — **L'Amant musicien.**

> Gravé par J. P. Lévilly. In-folio, petites marges. Bonne épreuve au pointillé.

BOILLY (Jules)

142 — **Portrait d'homme.**

> Médaillon oval.

(Bon-Boulogne) BERTIN

143 — **Naissance de Bacchus. — Bacchus et Ariane.**

> Gravés par Mariage. *Paris, Bance.* 2 épreuves au pointillé, in-folio, marges.

BOQUET

144 — La preuve virginale.

Gravée par Allais. *Paris, chez l'Auteur.* In-folio en médaillon. Petites marges.

CARICATURE

145 — Les Elégans anglais à Paris.

Paris, Gentil. In-4°, travers à toutes marges.

CHARDIN (J. B. S.)

146 — Les amusements de la vie privée.

Gravé par L. Surugue, 1747. *Paris, Surugue, A. P. D. R*
In-folio, marges. (N. E.)
Jolie pièce.

CHARDIN (J. B. S.)

147 — L'instant de la Méditation.

Gravé par L. Surugue, 1747. *Paris, Surugue, A. P. D. R.*
In-4°, grandes marges. (N. E.)
Jolie pièce.

148   CIPRIANI (?)

Deux petits médaillons gravés au pointillé et représentant des enfants nus et joufflus (La bataille, la réconciliation). A toutes marges. (N. E.)

CLÉRISSEAU

149 — Reste d'un ancien temple aux environs de Puzzole.

Gravé par F. Janinet, 1776. *Paris, chez l'auteur,* in-folio, petites marges, épreuve imprimée en couleurs. (N. E.)

COCHIN (C. N.)

150 — La fontaine enchantée de la vérité d'amour.

Gravé par A. de Saint-Aubin et terminé par Macret. *Paris, Demouchy.* In-folio, travers, marges. (N. E.)

COYPEL (Ch.)

151 — L'escole des Femmes. — Les femmes sca-vantes.

2 Pièces gravées par Joullain sur le dessin de Ch. Coypel, 1726. *Paris, Surrugue (1726).* Les 2 pièces in-folio, travers, à toutes marges non touchées. (N. E.)
Jolies épreuves très fraîches.

COYPEL (C.)

152 · Don Quichotte (Suite de 9 pièces pour).

Grav. par Surugue, Beauvais, Silvestre, Cochin, Tardieu, Haurard. *Paris, Surugue.* In-folio, à toutes marges non touchées. (N. E.)
Fraîches et jolies pièces.

DEBUCOURT

153 — Intérieur d'une salle à manger. Intérieur d'une cuisine.

2 Epreuves à la manière noire d'après le tableau de Drolling. In-folio, travers, marges. (N. E.)

ERARD

154 — Daphnis et Cloé.

Gravé par Cardon. *Paris, Tessari.* 2 Pendants coloriés, au pointillé.

FOUCHÉ (N.)

155 — Venus et l'Amour.

Grav. par L. Desplaces. *Paris, Buldet, A. P. D. R.* In-folio, petites marges. (N. E.)

GOLTIUS (H.)

156 — Jugement de Paris.

Grav. par P. L. Surugue (fils). *Paris, Surugue.* In-folio, grandes marges. (N. E.)

GREUZE (J.-B.)

157 — Le fils puni. La belle-mère.

Deux pendants gravés par Gaillard et Le Vasseur. In-plano travers. Marges.

HUET (J.-B.)

158 — « Ce qui est bon à prendre est bon à garder. »

Gravée par A. Chaponnier. *Paris, chez l'auteur.* In-folio. Grandes marges. Epreuve au pointillé.

JANINET (F.)

159 — Les trois Grâces.

Pellegrini Pinx. Janinet, sculpt. In-folio, imprimée en couleurs, sans marges et remontée.
Epreuve avant la lettre et la guirlande.

JEAURAT (1750)

160 — La Coeffeuse.

Gravure par Sornique. *Paris, Surugue, A. P. D. R.* In-folio, marges. (N. E.)
Jolie pièce.

FOSSE (J.-C. DE LA)

161 — Titres pour le 1er, 3e et 6e Livres de Trophées, Attributs d'Eglise, Militaires, d'Amours et de Musique.

Inventés et dessinés par J.-C. de la Fosse et gravés par Le Canu et Jacob. In-folio. Grandes marges. (N. E.)

Pièces rares.

LAMBERT

162 — La Marchande de cerises.

Gravée par Mlle Roley, terminée par Benoist. In-folio, marges.

Epreuve coloriée au pointillé.

LANCRET

163 — Mlle Camargo. — Les fruits de cette année.

Paris, Crépy, 2 pièces in-8, à toutes marges, gravées par ... (N. E.)

LE BRUN (L.-E.)

164 — La paix ramenant l'abondance.

Gravé par P. Viel, 1787. In-folio travers, petites marges.

LEBRUN (L.-E.-V.)

165 — Cupid and his Mother.

Gravé par Sarp. *London, 1789.* In-folio, petites marges.

A. LEGRAND

166 — La rose de Fanfan. — L'élève de Pauline.

Paris, Joubert. Deux pièces in-4°, coloriées au pointillé.

LE PRINCE

167 — Les Modèles.

> Gravé par de Longueil. *Paris, 1772.* In-folio travers, marges. (N. E.)

LE PRINCE (J.-B.)

168 — Les nappes d'eau.

> Gravé par Godefroy. *Paris, Godefroy.* In-folio travers, marges.

LOUIS XVI

169 — Testament de Louis XVI.

> Pièce in-folio avec, en haut, une gravure en médaillon représentant les adieux de Louis XVI à sa famille.

MOREAU (J.-M.)

170 — N'ayez pas peur ma bonne amie.

> A. P. D. R. Gravé par Helman, 1776. In-folio, marges.

MOREAU (J.-M.)

171 — La déclaration de la grossesse.

> Gravé par P.-A. Martin, 1776. In-folio sans marges.

OUDRY (D'après)

172 — La Chasse au loup.

> Gravure in-folio, travers. (N. E.)

PATER

173 — Le baiser donné. — Le baiser rendu.

> Paterre, pinx. *Paris, Dupré, A. P. D. R.* Les 2 pièces in-folio, à toutes marges. (N. E.)
> Jolies pièces.

PERIGNON

174 -- Vue de l'Arc de Septime Sévère. — Vue des ruines de la maison dorée de Néron.

Gravé par L. Guyot. *Paris, Guyot.* 2 petits médaillons imprimés en couleurs. Cadres dorés de l'époque.

175   PORTRAITS

Suite de 25 portraits en médaillon, par ou d'après La Tour, Largillière, Rigaud, Tocqué, Van Loo, Boizot, Basan, Le Gros, Ravenel, Sauvage, Tardieu, etc. In-4, à toutes marges. (N. E.)

Marie (de Pologne) reine de France, Marie-Thérèse, C^{al} Dubois, Louis (Dauphin), Tardieu, Duchange, De la Guérinière, Daguesseau, J. B. Rousseau, Coustou, etc.

176   PORTRAITS

Lot de 11 portraits en médaillon, par ou d'après Rigaud, Ingouf, Le Brun, Nanteuil, etc. In-8, à toutes marges. (N. E.)

Pascal, Moncrif, Boileau, Mme Deshoulières, Fontenelle, Montreuil, Chapelle, etc.

RADL (A.)

177 — Représentation théâtrale de la 4e scène du 1er acte de l'opéra Titus.

Francfort, in-plano, travers, sans marges (Légende), épreuve coloriée.

REGNAULT

178 — L'éducation d'Achille.

Gravé par Bervic. *Paris, Bervic, an 6.* In-folio, marges. *Epreuve avant la lettre.* (N. E.)

REMBRANDT

179 — Portrait de Wten Bogardus.

Gravé par J. Grotius. 2 pièces, épreuves de 1" et de 3° états. Sans marges, légende. (N. E.)
Proviennent de la vente Ary Scheffer (1859).

TROOST

180 — Le joueur de Vielle.

Gravé par Houbraken. In-folio. Travers sans marges.

TROOST

181 — L'amant déguisé ou la feinte servante.

Gravé par Radigues. *Amsterdam. Fouquet.* In-folio marges.

VERNET (J.)

182 — Vue de la ville et du port de Bordeaux prise du côté des Salinières.

C. N. Cochin et Le Bas sculpt. 1764. In plano, marges. (N. E.)

WATEAU

183 — Quoi ! pas même la main ?

(Gravure par Fessard). *Paris. Buldet.* In-4°, marges. (N.E.)

184

WICAR (J.-B.)

Lot de 6 pièces (9 médaillons). Pierres gravées antiques, dessinées par Wicar, grav. à l'eau-forte par Berteaux, et terminées par (divers). In-4, marges. (N. E.)

X...

185 — L'amour dévoile la beauté.

Pièce in-4°, sans marges. (N. E.)

BUNBURY (H.)

A — A Barbers shop.

> Gravé par John Jones. *London, 1785.* In-plano, travers, petites marges.
> Jolie et rare pièce caricaturale.

LAVRINCE

B — L'accident imprévu.

> Gravé par D'Arcis. *Paris, rue des Mathurins.* In-folio, marges.

NATTIER (J. M.)

C — Madame Marie Henriette de France.

> Portrait gravé par J. S. Negges. In-folio, travers, marges (M. E.)

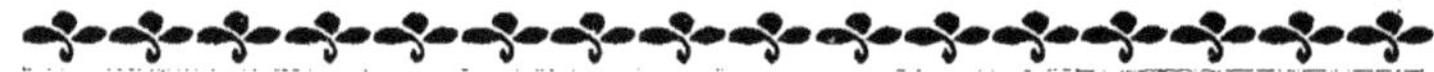

BODMER (KARL)

D — Chasse.

> Marcassins, cerfs, poules, oiseaux, etc. *Paris, Bertauts.* 8 lithogr. in-folio, à toutes marges. Bonnes pièces.

BOUCHER

E — Le repos.

> Gravé par Boncfoy. *Paris, Bance.* In-folio, petites marges.

FRAGONARD (H.), LALLIE (ET.)

F — L'Inspiration favorable. — Le Messager fidel *(sic)*.

> Gravées par Kalbou. *Paris, chez l'auteur.* Deux pièces in-folio, petites marges (N. E.)

GRAVURES MODERNES

ADAM (V.)

186 — La Malle-poste. L'Estafette. La Diligence. La Chaise de poste.

4 Pièces in-folio travers, à toutes marges. Epreuves coloriées. (Edition moderne.)

BELLENGÉ (H.)

187 — La garde meurt et ne se rend pas.

Paris, Thierry, 1849. Lithog. originale in-folio, à toutes marges. (N. E.)

CALENDRIER

188 — Indicateur général pour les années 1840 et 1841.

Pièce in-plano gravée par Houiste. Les calendriers sont encadrés de vignettes sur la Conquète de l'Algérie. (N. E.)

CARICATURE

189 — Pièce contre les Jésuites.

Gravée au trait, in-folio, à toutes marges. (N. E.)

CHASSE

190 — Chiens, Oiseaux, Biches, etc.

Lot de 8 pièces lithographiées par ou d'après Ch. Jacque, Troyon, Bodmer, etc., avec ou avant la lettre. In-4° et in-folio, à toutes marges. (N. E.)

On y a joint 2 lithographies in-folio d'après Bodmer sur l'Amérique (Indiens Sioux).

H. DAUMIER

191 — Henri Monnier (Rôle de Joseph Prudhomme).

*« Jamais ma fille ne deviendra la femme d'un écri-
vassier. »*

Imprimerie Bertauts. In-folio à toutes marges. Lithographie originale. (N. E.)

192   **DIVERS**

Lot de 6 pièces in-folio, marges. Gravures et lithographies
noires et coloriées.

Berger. Deux jours de mariage. — Deux ans de mariage. Gravé par Charon. *Epreuves coloriées.*

Pauelsen. Vue de Silke Saugen, prise de la chûte...
(Norvège). Gravé par Mérigot. *Epreuve coloriée.*

Roqueplan. Basse mer. — Gros temps. — Le soir, marée
basse. Lithog. noires par Garnier

FLEURY (ROBERT) (1834)

193 — Les enfants gardant du gibier.

Gravé par Ruhierre, 1836. In-plano, marges.

FRAGONARD

194 — « Dites donc, s'il vous plaît. »

Gravé par De Launay. In-folio travers. Edition moderne.

GARNERAY L.

194bis — Bordeaux.

Vue de la ville et du Pont de Bordeaux, prise du quai de
la Bastide.

Bayonne.

Vue du port, prise de la place du Saint-Esprit. *Paris,
Basset.* Deux pièces **en couleurs,** in-folio grandes marges.

GEZ VON L'ALLEMAND

195 — Charlotte V. Hagn.

G⁴ et beau portrait en taille-douce, gravé par V. Hermann Sagert. In-folio à toutes marges. (N. E.)

GRAVURES ANGLAISES

196 — 2 petits médaillons à la sanguine.

Scènes gracieuses, reproduction d'anciennes gravures.

GRAVURES MODERNES

197 — Lot de 3 pièces.

Deux eaux-fortes de L. Flameng, une gravure d'après Tailer. (N. E.)

GRAVURES POPULAIRES (1830)

198 — L'entrée en garnison. — La déclaration. — L'enlèvement. — Le moment fortuné.

Paris, Lambert. 4 pièces coloriées formant pendant. In-4°, travers, marges.

GRAVURES SUR SOIE

199 — Le verrou d'après Fragonard. Portrait de Mad⁹ de Grignan.

2 pièces in-quarto coloriées.

GARNERAY L.

200 — Vue de la Ville et du Pont de Bordeaux.—Vue générale du Port de Brest.

Paris, Basset. In folio, travers, marges. Epreuves en ouleurs.

GARNERAY

201 — Vue de la ville et du port de Marseille. Prise de l'Hôtel de Ville. *Paris, Basset.* In-folio, travers, à grandes marges. *Epreuve en couleurs..*

GARNERAY (L.)

202 — Vue de Constantinople? Les Quais, le Bosphore, etc.

In-folio, travers, à grandes marges. Encadrée.
Belle épreuve peinte, gravée et coloriée par L. Guarneray, avant **toute lettre.**

203 GUERRE DE CRIMÉE

Lot de 13 lithog. noires et coloriées, in-quarto et in-folio, marges. (N. E.)

GUIDO-RENI

204 — L'enlèvement de Déjanire.

Gravé par Bervic. In-folio, grandes marges.
Superbe épreuve avant la lettre.

GUILLEMIN

205 — L'art au Régiment.

Lithog. coloriée par Regnier. *Paris, Bulla.* In-folio, à toutes marges. (N. E.)

HERSENT

206 — Daphnis et Cloé.

Gravé par Laugier, 1817. In-folio, grandes marges, épreuve coloriée.

HUET (Ecole de)

207 — Scène champêtre.

Dessin à la mine de plomb.

ISABEY

208 — L'Ecu de France.

Lithog. par Mouilleron. *Paris, Bertaut,* à toutes marges. (N. E.)

209   JACQUE (Ch.)

Suite de 12 eaux-fortes (vernis mou), gravées par Ch. Jacque : Forgeron, Animaux, Moulin, etc. Pièces avant toute lettre. In-4, à toutes marges. (N. E.)

210   JOURDAIN (F.)

1° Naguère.

Eau-forte **imprimée en couleurs.** In-folio à toutes marges. Une des 25 épreuves numérotées (n° 4) avant toute lettre, signature de l'artiste.

2° Falaises.

Eau-forte **imprimée en couleur.** In-folio à toutes marges. Une des 20 épreuves numérotées (n° 5) avant toute lettre. Signée de l'artiste et datée 1897.

3° Femme de jadis.

Eau-forte **imprimée en couleur.** In-folio à toutes marges. Une des 30 épreuves numérotées (n° 9) avant toute lettre. Signature de l'artiste.

4° Bateau échoué.

Eau-forte en noir. In-folio à toutes marges. Une des 15 épreuves numérotées (n° 2) avant toute lettre. Signature de l'artiste.

LEFEBVRE-DURUFLÉ

211 — Ports et côtes de France.

Paris, 1833. Pièces in 4°, tirées sans marges pour exemplaires spéciaux.

Jolies épreuves coloriées dont le détail suit :

1. — La Ferté. *La rivière, l'entrée du port.*
2. — Le Crotoy. *Vue du rivage.*
3. — Ambleteuse. *La baie, l'entrée du port.*
4. — Saint-Valery-sur-Somme. *Vue générale.*
5. — Gravelines. *Sortie du port.*
6. —   »   *Entrée du port.*
7. — Dunkerque. *Entrée du port.*
8. —   »   *Sortie du port* (2 épreuves différentes).
9. — Dunkerque. *Intérieur du port* (2 épreuves différentes).

C. A. LESUEUR

212 — Vues et coupes du Cap de la Hève.

Le Havre, 1843, in-folio, marges. (N. E.)

213   LITHOGRAPHIES

Lot de 6 belles pièces d'après Géricault, Isabey, Guignet et Robert Fleury. In-folio et in-plano, à toutes marges. (N. E.). 4 pièces sont avant la lettre.

LOT DE GRAVURES (N. E.)

214 — La lecture. Le roman.

2 grandes lithog. de Sixdeniers d'après A. Pages.

5 frises.

Gravures sur cuivre anciennes d'après le Caravage.

215   MADOU

Douze sujets composés et dessinés par Madou, de Bruxelles. *Londres et Paris, 1831.* Suite complète de 12 lithog. in-4°, à toutes marges, dans la couv. illustrée de l'éditeur. (N. E.)

Scènes de la vie Bruxelloise.

MORONI (J. B.)

216 — Portrait d'enfant.

Photog. in-folio, à toutes marges, de l'Institut Italien d'art graphique. (N. E.)

NAPOLÉON

217 — Veille d'Austerlitz.

In-plano travers, petites marges. Epreuve à la manière noire.

NUBOËR (C. M.)

218 — Curaçao.

Vue générale, lithog. teintée avec 4 petits médaillons dans les angles, in-plano à toutes marges. (N. E.)

PHOTOGRAPHIES ET PHOTOGRAVURES

219 — Reproductions de tableaux célèbres.

Grandes pièces encadrées.
1. — *Rembrandt*. Portrait d'homme.
2. — *Rembrandt*. Portrait de femme.
3. — *Hans Holbein*. Portrait d'homme.
4. — *Hans Holbein*. Portrait de femme.
5. — *Millet*. Les lavandières.
6. — *Velasquez*. Portrait d'homme.
7. — *Corot*. Le Passeur.
8. — *Millet*. Tête d'homme. Imitation de fusain.
9. — *J. Maris*. Bords de fleuve.
10. — *Van Marcke*. Animaux.

PHOTOGRAVURES

220 — Lot de 6 grandes pièces in-folio sous passe-partout.

Reproduction de tableaux célèbres de : Chaplain, de Penne, Detaille, Lambert, J. Maris, J.-F. Millet. (N. E.)

221   PIÈCE SUR LES CHEMINS DE FER

Jolie lithographie coloriée représentant une gare de chemin de fer des premières années. Diligences, nombreux personnages, rivière, pont, paysage. In-quarto. (N. E.)

PILS (J.)

222 — Rouget de l'Isle.

Il chante pour la première fois *la Marseillaise* devant Dietrich... Gravé par P. Cottin. *Paris, Dardoize.* In-plano, à toutes marges. *Belle épreuve.*

PORTS DE MER D'EUROPE

223 — Vue de Nantes. — Bordeaux, vue prise de la Bastide. — Londres, vue prise sur la Tamise. — Port de Liverpool.

4 Pièces dessinées et lithographiées par Deroy, Chapuy et Courtin, in-folio travers, à toutes marges. Lithographies coloriées.

224   REDOUTÉ

Lot de 19 planches de fleurs gravées et coloriées. (N. E.)

REPRODUCTIONS EN COULEURS

225 — Lot de 3 pièces.

Scènes champêtres d'après J. B. Huet et une d'après Boucher. (N. E.)

SUISSE

226 — Retour victorieux des confédérés de la bataille de Morgarten. — Réunion des Etudiants Suisses sur les Bords du Rhin 1845.

Deux grandes lithog. d'après Vogel et Meissner, in-plano à toutes marges. (N. E.)

TAUNAY

227 — La noce au village.

Gravé par Descourtis. In-folio marges.
Epreuve en bistre avant la lettre. Edition moderne. (N.E.)

OBJETS DIVERS

228 **Petite statuette,** Marchande de fruits, en Delft bleu, époque Louis XIV.

229 **Epicière** à 3 compartiments, faïence de Rouen.

230 **Couvercle de soupière,** faïence de Rouen, décor à la corne.

231 **Pied de croix,** en faïence polychrome de Moustiers (XVIIIe siècle).

232 **Légumier avec son couvercle,** faïence de Creil, décor à reliefs, époque Louis XV.

233 **Vase à fleurs** en 2 pièces, décors doré, femme en médaillon bistre. Epoque empire.

234 **Porte-Montre,** en ancienne faïence du Midi, époque Louis XV.

235 **Encrier** forme commode, faïence de Bruxelles, époque Louis XV.

236 **Ecuelle à anses,** avec son couvercle, bouton à fruit, Tournay (?) polychrôme, époque Louis XV.

237 **Encrier,** en faïence de St-Omer, décor bleu, époque Louis XV.

237bis **Pot à Miel**, faïence de Moustiers, décors chinois au manganèse.

238 **Deux médaillons en terre cuite.** Tête d'homme et de femme. *Signés de Graillon et datés.*

239 **Deux petits bustes terre cuite** patinée : *Lauzun et M*me *de Pompadour.* Edition Gilardoni.

240 **Plat en plâtre**, patine étain. *Pièce originale signée J. Loysel.* Cadre de peluche.

241 **Petite bergère**, biscuit, de Sèvres, époque Louis XV.

242 **Boîte en marqueterie** de bois de couleurs à damier, entrée et anneau cuivre ciselé. Epoque Louis XVI.

243 **Portefeuille en maroquin**, fermoir d'argent finement ciselé. Commencement XIXe.

244 **Etui-nécessaire**, avec garniture argent repoussé et gravé. Epoque Louis XV.

245 **Etui à cire** en écaille, monture or, décoration d'oiseaux et d'animaux, Vernis-Martin. Epoque Louis XV.

246 **Etui à cire**, argent ciselé, époque Louis XVI.

247 **Etui à cire**, bois gravé, monture argent, chiffre et armoiries, époque Louis XV.

248 **Etui à cire**, à pans coupés, nacre gravée, monture or. Epoque Louis XVI.

249 **Etui à cire**, ivoire ajouré et sculpté. Epoque Louis XVI.

250 **Pièce d'or** à l'effigie de Georges II roi d'Angleterre 1753. Armoiries au revers.

251 **Groupe en pierre, du XIVe siècle**, représentant *le Christ sur les genoux de la Vierge.* Art français. (Haut.: 0.70)

252 **Grande statuette** en chêne sculpté. La Vierge et l'enfant Jésus, travail français de la fin de xve siècle. (Haut.: 0.64)

253 **Statue du XVIe siècle**, chêne nature, représentant *Saint-Louis*, roi de France.   (Haut.: 1.20)

254 **Statue du XVIᵉ siècle**, représentant *Sainte-Thérèse*.
En chêne polychromé.   (Haut. : 1.05)

255 **Grand fronton, époque Louis XIV**, chêne sculpté, fond
fleurdelysé.

256 **Baromètre, époque Louis XVI.** Attributs de chasse.
Bois sculpté sous dorure du temps. Belle pièce.

257 **Petite console d'applique, époque Louis XVI**, bois
sculpté, sous sa première dorure.

258 **Tabatière**, en noix de coco sulptée. Epoque Louis XVI.

259 **Grand bénitier** en bois doré et sculpté.

260 **Pendule de voyage**, dite religieuse, bois noir mouluré,
écaille rouge, cuivre et étain, bronzes ciselés et dorés. Epoque
Louis XIII.

261 — **Petite Pendule Louis XVI**, en marbre blanc, bronzes ciselés et dorés, rinceaux et guirlande de chêne.
                    (Haut. 0.27)

262 — **La Gitane** (danseuse). Bronze signé de *Faur-Debrousse*.
                    (Haut. 0.60)

263 — **Bronze. — Moïse** (d'après Michel-Ange.) Edition Bar-
bédienne.   (Haut. 0.36)

264 — **Deux grandes lampes** bronze Japonais, monture
bronze doré.

265 — **Presse-papier**, époque Restauration, bronze ciselé et
doré, tête de bélier, sur socle marbre jaune, porte-bouquet
cristal.

266 **Médaillon bronze**, profils de Voltaire et de J.-J. Rousseau.
                    (0.15)

267 **Petit bronze**, chien sur socle de marbre rouge, époque
Restauration.

268 **Petit cadre bronze ciselé** du XVIIᵉ siècle. Jolie petite
pièce sur laquelle on a collé une peinture sur cuivre
ancienne représentant des buveurs hollandais.

269 **Porte-montre**, époque Louis XV, sanglier sur terrasse, bronze ciselé et patiné, avec sa montre.

270 **Deux porte-bouquets**, verre taillé, époque Louis XV.

271 **Coupe-papier ivoire sculpté**, buste d'homme à perruque Louis XIV.

272 **Figurine.** Femme à l'éventail, ivoire chinois. (L'éventail est emboîté sous les pieds du sujet.)

273 **Petit cadre** en ivoire sculpté.

274 **Pelle à poisson, époque Empire**, en argent.

275 **Montre à boîtier** en argent repoussé et guilloché, cadran ciselé. Epoque Louis XV.

276 **Montre à boîtier en argent.** Beau coq en argent ciselé. Epoque Louis XV.

277 **3 Epingles de cravate** or, argent et marcassite, coquille de nacre, opale et camée. Epoque Louis XVI.

278 **Chatelaine** d'homme, cuivre doré à 2 ors. Epoque Louis XVI.

278bis **Petite pendulette** d'accrochement en cuivre ciselé signée : Gautier. à Paris. Epoque Louis XIII.

MEUBLES

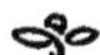

279 **Petit chiffonnier-bureau,** époque 1830, en acajou, intérieur en érable.

280 **Fauteuil Louis XIII,** en noyer sculpté, à haut dossier et recouvert de soie fond bleu clair à palmettes.

281 **Belle console,** style Louis XV, bois doré et sculpté à jours, marbre brèche rose (0.94), accompagné d'une
   Glace, même style, également en bois doré.   (1.70)

282 **Commode, époque Louis XVI,** en acajou, à 3 rangs de tiroirs encadrés de filets de cuivres, pieds canelés, garnie de bronzes finement ciselés, sabots à toupie, bagues, entrées, anneaux laurés. Epaisse tablette de marbre Sainte-Anne.

283 **Petite commode, époque Louis XVI,** galbée et à ressauts, à 2 rangs de tiroirs, marqueterie de bois de luxe à cubes et losanges. avec riche garniture de bronzes ciselés, sabots à griffes, culot, anneaux laurés, entrées, chûtes à mufle de lion, tablette de marbre violacé.
   Estampille de J.-B. Bircile.

284 **Table de milieu. époque Louis XVI,** bois sculpté, à croisillon surmonté d'un vase fleuri, pieds cannelés.

285 **Escabeau d'époque Louis XIII,** en noyer, pieds tournés.

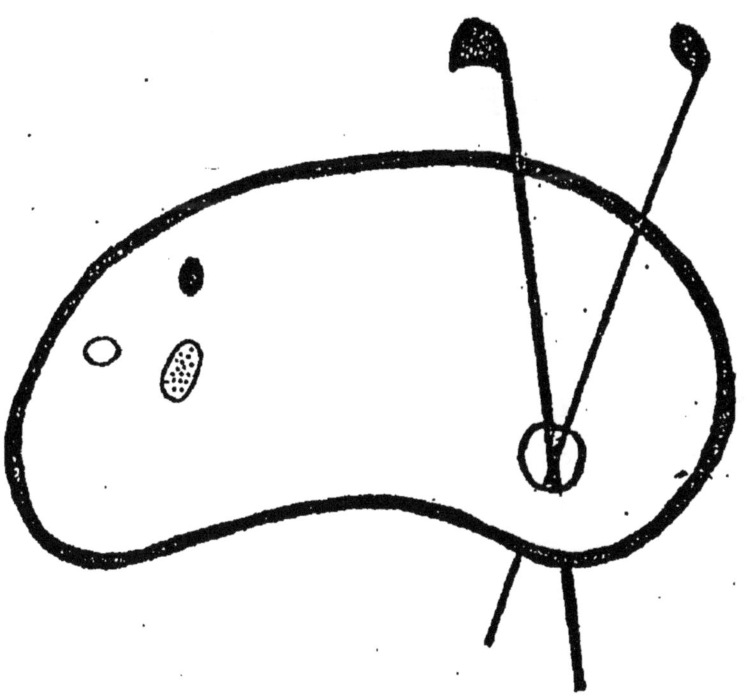

DEBUT D'UNE SERIE DE DOCUMENTS
EN COULEUR

MEUBLES

(Suite)

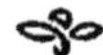

Bahut Louis XIII, chêne sculpté, avec cariatides. *Jolie pièce.*

Bahut Louis XIII, chêne sculpté.

Console Directoire, acajou, tablette marbre blanc.

Commode Empire, acajou, cuivres dorés.

Poudreuse Louis XVI, bois de rose et de violette.

Deux consoles, style Louis XVI, bois de rose et de violette.

Armoire Normande, époque Louis XIV, en chêne, ornements sculptés.

Armoire Normande, Louis XVI, en chêne, ornements sculptés.

Bonnetière Louis XV, chêne, ornements sculptés.

Boiseries Louis XV, chêne sculpté. Attributs de musique, carquois, torches, corbeille de fleurs, etc.

Deux fûts de fauteuil Louis XVI.

www.ingramcontent.com/pod-product-compliance
Ingram Content Group UK Ltd.
Pitfield, Milton Keynes, MK11 3LW, UK
UKHW022133170726
13837UKWH00004B/1536